AF245340

UNE DES CAUSES

DE LA

Dépopulation

PAR LE

Docteur E. MOREAU

Du Mans

Prix : 1 Franc

PARIS

MALOINE, Éditeur

23-25, RUE DE L'ÉCOLE DE MÉDECINE, 23-25

1902

UNE DES CAUSES

DE LA

DÉPOPULATION

UNE DES CAUSES

DE LA

Dépopulation

PAR LE

Docteur E. MOREAU

Du Mans

PARIS

A. MALOINE, ÉDITEUR

23-25, RUE DE L'ÉCOLE DE MÉDECINE, 23-25

1902

UNE DES CAUSES

DE LA

DÉPOPULATION

On raconte qu'une charmante artiste avant de se livrer à des ébats amoureux formulait la prière de pécher sans concevoir. Combien de femmes en France, forment le même vœu, soit qu'elles s'abandonnent dans les bras d'un mari ou dans ceux d'un amant.

C'est ce désir devenu une réalité par les artifices employés pour empêcher la conception, qui est la vraie cause de la dépopulation de notre pays. Je ne dis pas la seule cause mais sûrement, et de beaucoup, la plus importante et la plus difficile à combattre, parce qu'elle s'appuie sur une passion qui se nomme l'égoïsme, passion qu'il est difficile de déraciner, car elle résume en elle la somme des appétits et des jouissances que tout être humain veut satisfaire.

Me trouvant un jour, de par ma profession, dans une maison au moment du déjeuner, le chef de famille me tint ce raisonnement que je laisse à méditer à tout esprit sérieux, car il exprime bien l'état d'âme d'une grande partie de nos contemporains : « Docteur, voyez, je mange un bifteack aujourd'hui parce que je n'ai qu'un enfant, tandis que si j'en avais plusieurs, je devrais me contenter d'un morceau de bouilli ou d'une portion de rata. »

Cet homme était un calculateur égoïste comme le sont dans toute société avancée en civilisation ceux qui, possèdent une certaine aisance et qui ne veulent pas être les artisans de leur gêne. Ils disent que s'ils ont de nombreux rejetons, c'est la mère qui les élève et c'est le père qui les nourrit et qui les dote.

Tous ceux que la fortune a plus ou moins favorisés tiendront le même langage, sauf de rares exceptions. Le premier enfant est le désiré, le second est encore le bienvenu, mais après ce dernier il n'en faut plus parler, tout nouvel être étant considéré comme une charge et une cause de diminution de la fortune familiale.

Où voyons-nous du reste les familles les plus nombreuses? Parmi les ouvriers et parmi les paysans. Pourquoi? Parce que l'ouvrier calcule peu et qu'il n'entrevoit pas une grande amélioration possible de sa situation sociale; il se dit aussi que ce ne sont pas deux ou trois enfants de plus ou de moins qui le rendront beaucoup plus malheureux et que même, au contraire, ils pourront dans sa vieillesse lui apporter quelque soulagement en l'aidant à finir ses jours; d'ailleurs, sans fortune il est incapable de se procurer toutes les satisfactions que peuvent se donner les riches, et il estime que si, du moins, il peut goûter quelques plaisirs dans ses rapports conjugaux, il aurait tort de les gâter et de les amoindrir par des artifices qui pourraient en atténuer le charme.

Chez l'homme des champs, le raisonnement est un peu différent. L'enfant est un capital, il ne coûte guère à élever, son instruction primaire est peu dispendieuse, et puis dès l'âge de 10 à 12 ans ne rend-t-il pas déjà des services à la ferme dont il deviendra, à mesure qu'il avancera en âge, un des meilleurs et des plus zélés travailleurs?

A la campagne, les enfants sont souvent la fortune, car ils dispenseront de payer la main d'œuvre étrangère et seront, par ce fait, une des bases sur lesquelles s'édifiera le patrimoine de la famille.

Si une grande partie des ménages met en pratique avec trop d'ardeur les principes de Malthus, il en existe d'autres qui ne peuvent avoir d'héritiers malgré leur désir, parce que l'un des conjoints ou tous les deux sont frappés de stérilité.

Cette stérilité qui a quelquefois pour origine une malformation congénitale des organes génitaux reconnaît le plus souvent pour cause une des avaries accidentelles. Ces avaries sont variables, tant par leur nature que par leurs effets. Les unes rendront l'homme impuissant à procréer, les autres le frapperont d'une déchéance physique qui lui fera engendrer des enfants chétifs, maladifs, voués à la mort après avoir souvent infecté leur mère.

La femme atteinte elle-même, se verra vouée à la stérilité, aux souffrances de toutes sortes, quand elle ne sera pas encore obligée de recourir au bistouri du chirurgien, pour rétablir une santé compromise. Ai-je besoin d'ajouter que c'est aux affections vénériennes que l'on est redevable de ces états lamentables.

Cette seconde cause de dépopulation dont je veux seule m'occuper ici, est plus susceptible d'être combattue que la première qui repose sur des considérations pécuniaires; car on peut essayer de l'atténuer en conseillant des mesures d'hygiène qu'il est d'autant plus facile de faire adopter, qu'elles ne lèsent personne dans ses intérêts.

Tout en rendant hommage aux efforts faits dans ces derniers temps pour restreindre le nombre des avariés, il me semble que les règlements actuellement en vigueur gagneraient beaucoup à être mis plus en harmonie avec les idées actuelles, tant au point de vue social qu'au point de vue médical.

Deux courants d'idées bien précis se dessinent en cette matière : les uns veulent des mesures plus coercitives, les autres une plus grande liberté pour la prostitution.

La vérité me paraît résider dans un juste milieu, non pas que j'estime que la femme n'est pas libre de faire de sa personne ce que bon lui semble et que toujours cette faculté devra lui être refusée, mais bien parce que je pense que cette liberté ne pourra lui être concédée sans restriction, que le jour où l'on aura découvert la vaccination anti-syphilitique, me basant sur ce principe que la liberté ne saurait aller jusqu'au droit d'infecter ses semblables.

On a dit que la réglementation ne mettait pas à l'abri des affections vénériennes, c'est presque la vérité ; mais il faut cependant reconnaître que tant qu'une femme malade sera mise dans l'impossibilité d'exercer son métier, elle ne contaminera personne pendant ce laps de temps. Tous les jours on voit bien des personnes contracter la syphilis ou la blennorrhagie en ayant des rapports avec des femmes visitées, soit parce que leur affection a échappé à l'examen, soit parce que depuis la dernière visite des accidents sont survenus, mais cela n'implique pas forcément l'inutilité des examens médicaux : les statistiques prouvent du reste le contraire.

Ce que l'on peut conclure c'est que la réglementation actuelle est défectueuse : elle est en effet basée sur la coercition alors qu'elle devrait avoir pour fondement une large tolérance et s'inspirer de sentiments humanitaires et libéraux.

Dans une petite brochure sur la prophylaxie des affections vénériennes, j'avais essayé précisément de montrer les résultats peu encourageants obtenus par la réglementation actuelle de la prostitution, et de mettre en relief les avantages que l'on serait en droit d'attendre de mesures plus rationnelles.

La femme qui tombe n'est pourtant pas assez indigne

d'intérêt pour qu'on la relègue au ban de la société, pour qu'on l'enferme dans un dispensaire ou dans une prison, parce qu'elle a eu le malheur d'être contaminée, et qu'on la soumette le reste du temps à la surveillance de la police, comme une criminelle vulgaire.

Si encore ce régime draconien et anti-social avait l'excuse de mettre à l'abri des affections vénériennes ceux qui vont acheter leur amour, il serait défendable ; mais l'expérience journalière démontre que son efficacité est bien illusoire et que le cachet de garantie est de bien mauvais aloi.

Peut-il en être autrement ? Ce n'est guère possible. Voit-on d'ordinaire un voleur courir après un gendarme pour le prier de le mettre à l'ombre ? Evidemment non. Pourquoi voulez-vous qu'une femme se sachant malade aille de gaîté de cœur à une visite médicale pour se faire octroyer quelques jours ou quelques semaines de la prison que l'on nomme euphémiquement le dispensaire. Elle cherche à se cacher. Qui, à sa place, n'en ferait pas autant ?

Tout régime basé exclusivement sur des mesures répressives est voué fatalement à un échec parce que ses prescriptions, ne faisant qu'irriter celles qui doivent en être les victimes, aliènent toute bonne volonté de leur part ; et j'estime, en ce qui me concerne, que si la femme ne coopère pas elle-même, dans une certaine mesure à l'œuvre d'assainissement poursuivie, en se montrant moins récalcitrante aux soins qu'on peut lui donner, on ne fera jamais qu'une œuvre stérile et sans portée.

Essayer de faire modifier un état de choses établi depuis longtemps, quand bien même il est avéré que cet état est défectueux, est une entreprise souvent chimérique.

Il paraît pourtant logique d'admettre *a priori*, que lorsqu'une réglementation ne donne pas tous les résultats qu'on est en droit d'en attendre, il est indiqué de la remanier afin d'approcher le plus possible de la perfection désirable.

Cette vérité est d'une réalisation bien difficile parce qu'habitués que nous sommes à voir les choses se passer de la sorte, élevés dans cette idée que là est la vraie solution du problème, nous ne pouvons dégager notre cerveau de ces liens psychiques qui l'enserrent, liens qui ont été tressés par l'atavisme d'une part et de l'autre par l'éducation que nous avons reçue.

La plénitude absolue de notre faculté de penser et d'agir est sûrement entravée par nos tares originelles. Descendants d'aïeux qui tous, ont professé la même religion et les mêmes doctrines politiques et sociales, nous héritons d'une prédisposition native à envisager les choses sous le même angle visuel qu'eux-mêmes, et notre éducation première en tout semblable à la leur, ne fait encore que de graver plus profondément dans nos cellules cérébrales nos prédispositions originelles.

Notre conception de la morale nous semble parfaite, les Orientaux la trouvent un peu fade, la vérité d'ici est l'erreur d'au-delà. Et pourtant nos idées sont à ce point arrêtées que tout ce qui n'est pas en conformité avec nos habitudes nous paraît monstrueux et immoral.

Nous prisons au plus haut point la virginité de la femme, tandis que d'autres peuples n'en font aucun cas. Nous préférons, nous, Européens, cueillir la fleur à peine éclose, le Japonais aimera mieux en effeuiller les pétales et le Malgache, encore plus positif, attendra que l'arbre ait produit son fruit.

Tous les goûts sont dans la nature ; soit. Mais les goûts ne sont que le corollaire de nos idées, de nos habitudes et de nos mœurs.

Si nous cherchons, sans remonter trop loin, quelles sont

les bases de la morale chez tous les peuples, nous verrons qu'elles reposent sur leurs principes religieux et sur leur éducation.

Examinons simplement au point de vue doctrinal l'enseignement de deux religions, par exemple, le catholicisme et le mahométisme, et nous verrons que toutes les deux nous conduiront par leur enseignement à envisager de deux façons différentes la femme et l'amour.

L'Eglise catholique enseigne que l'état le plus parfait en ce monde est le célibat, et que même en l'état de mariage, l'abstinence est plus méritoire que l'accomplissement de ses devoirs conjugaux, à moins toutefois que l'on ne brûle.

Cette conception morale laissera donc dans l'esprit de ceux auxquels on l'aura inculquée, cette idée que si l'amour charnel est licite en état de mariage, il n'en est pas moins une sorte de déchéance psychique pour celui qui succombe aux lois immuables de la nature. D'où cette conséquence que l'amour en dehors du mariage est loin d'être une faute légère, même pour les célibataires, et que les femmes qui en sont l'occasion, sont des créatures bien coupables.

L'enseignement de Mahomet, diamétralement opposé puisqu'il considère le rapprochement sexuel comme un acte agréable à Dieu, parce qu'il perpétue l'espèce et continue l'œuvre commencée par lui-même, laissera sûrement dans l'esprit de ses adeptes cette impression que le mariage, et surtout le mariage polygame, puisqu'il permet d'avoir plus sûrement des enfants, est l'état le plus parfait pour le vrai croyant.

Rien d'étonnant avec cette doctrine que les Musulmans voient la femme sous un tout autre aspect que nous-mêmes.

L'éducation aura aussi une grande part dans l'orientation de nos idées.

Pourquoi cet ostracisme dont nous frappons la fille-mère, et qui rejaillit sur l'enfant qui va naître, parce qu'on nous a inculqué ce principe qu'en dehors du mariage tout amour est illicite, immoral et quasi anti-naturel ?

Certes je respecte l'institution du mariage, base de toute société humaine ; mais je ne sache pas que jusqu'au jour où l'homme et la femme convolent en justes noces, ils ont été dépourvus de tout appétit sexuel.

Et les célibataires sont-ils donc insensibles aux charmes de Vénus par le fait même qu'ils n'ont pas contracté mariage ? Quelques sophistes répondront qu'ils doivent l'être ; mais cependant il n'en est pas ainsi, parce qu'il sont des hommes, et qu'au fond du cœur de tout homme, il existe une passion qui se nomme l'amour, loi naturelle faite pour assurer la continuation des choses établies, sentiment le plus exquis et plus noble qu'il soit donné de ressentir, amour que les poètes de tous les âges ont chanté et que tout être chante une fois au moins dans le cours de son existence.

L'homme et la femme sont faits l'un pour l'autre, pour s'aimer, pour se posséder. C'est une règle immuable à laquelle l'humanité ne peut se soustraire parce qu'elle découle des fonctions physiologiques dévolues à l'être animé.

Je n'ai pas la prétention de dire que certaines personnes ne peuvent pas, par un effort soutenu de la volonté, s'affranchir de cette nécessité ; mais ces exceptions ne font que confirmer la règle.

Les lois naturelles découlant de la fonction même des organes sont des lois inéluctables. L'amour, disait Frédéric-le-Grand, est un dieu perfide, quand on lui résiste en face il se retourne. L'onanisme auquel se livrent souvent ceux qui font fi de la femme n'est-il pas un vice plus néfaste pour la santé et plus difficile à déraciner ?

Jean-Jacques Rousseau dans ses lettres à Emile dit avec

juste raison, « quoiqu'il arrive je t'arracherai plus facilement aux femmes qu'à toi-même. »

Je pourrais faire à ce propos maintes citations des auteurs les plus célèbres ; mais la démonstration de ce fait est trop évidente pour que toute personne de bonne foi puisse le discuter, et à plus forte raison, le révoquer en doute.

Cet exposé pourra sembler très osé aux yeux de certaines gens qui ne veulent voir les choses qu'à travers le prisme de leurs principes et de leurs préjugés. Peut-être le taxeront-ils d'immoral, tandis qu'il n'est que l'expression de ce que l'on est à même d'observer chaque jour.

Tous les hommes avouent bien *in petto* ce que je dis tout haut ; mais beaucoup ne veulent pas en convenir publiquement parce que ces vérités choquent les idées reçues, et qu'il est de bon ton de paraître un parfait rigoriste en matière de morale ; et ce rigorisme n'est qu'une variante de l'égoïsme de l'homme qui veut tous les plaisirs sans aucun des inconvénients qu'ils peuvent entraîner.

La femme seule doit porter le poids de toutes nos fredaines : victime d'un séducteur, c'est elle qui sera deshonorée ; devenue mère en dehors du mariage, elle se verra repoussée, marquée d'une tache indélébile comme si sa maternité ne devait pas au contraire faire oublier qu'elle a succombé sous d'amoureuses étreintes.

C'est précisément cet ostracisme que l'opinion publique jette sur la fille-mère qui est la cause des avortements, des infanticides trop nombreux que nous voyons tous les jours.

La femme qui mène la vie à grandes guides et qui est assez habile pour ne pas avoir d'enfant, peut toujours relever la tête et se considérer comme une demi-vierge. Mais la malheureuse qui, par hasard ou par inexpérience, sera devenue mère, verra s'effondrer souvent tous ses rêves d'avenir. Cet enfant qui devait être sa joie, cette maternité dont elle a éprouvé les plaisirs et les douleurs sera la preuve tangible de sa déchéance.

Ne croyez-vous pas qu'en face d'une telle détresse, d'une si grande désespérance, la société n'a pas un peu sa part de ces crimes que commettent de pauvres femmes affolées par les conséquences de leurs actes. Au lieu de repousser souvent l'enfant qui n'a pas le bonheur de connaître son père, songeons qu'il n'en est que plus malheureux et plus digne d'exciter notre charité et notre indulgence, et respectons la femme qui est sa mère, en jetant sur son passé le voile de l'oubli.

J'ai voulu plaider d'abord la cause de la fille-mère parce qu'elle m'a paru la plus intéressante de toutes, et que je suis convaincu que par la simple éducation jointe à un peu de fraternité, on pourrait sauver d'abord bien des existences, et ensuite reconforter le cœur de pauvres femmes qui ne demanderaient souvent qu'à aimer et élever leurs enfants, si elles savaient que la maternité sera pour elle le rachat de la faute passée.

L'homme n'a-t-il pas du reste sa part dans cette faute ; mais la recherche de la paternité étant interdite, ce qui ne serait pas toujours d'ailleurs facile, il garde pour lui le plaisir, et sa compagne a en partage la honte, un enfant à élever et à nourrir, et souvent une vie brisée. Est-elle donc si coupable cette femme qui n'a souvent cédé qu'à de pressantes instances ou à d'impérieuses nécessités ?

Si nous essayons maintenant d'analyser les principaux facteurs qui font passer la femme de l'état virginal au métier de prostituée, nous verrons comme je l'ai déjà signalé antérieurement, que la misère est la pourvoyeuse la plus habituelle des maisons de tolérance. C'est pour cela que la prostituée quelle qu'elle soit, à quelque degré d'abjection qu'elle soit tombée, a toujours droit à notre indulgence. Souvenons-nous de l'admirable pensée que Victor Hugo a exprimée dans ces vers.

> Oh n'insultez jamais une femme qui tombe !
> Qui sait sous quel fardeau la pauvre âme succombe ?
> Qui sait combien de jours sa faim, combattu ?
> Quand le vent du malheur ébranlait leur vertu,
> Qui de nous n'a pas vu de ces femmes brisées
> S'y cramponner longtemps de leurs mains épuisées,
> Comme au bout d'une branche on voit étinceler
> Une goutte de pluie où le soleil vient briller,
> Qu'on secoue avec l'arbre et qui tremble et qui lutte,
> Perle avant de tomber et fange après sa chute !
> . . . .
> La faute en est à nous ; à toi riche ! à ton or !
> Cette fange d'ailleurs contient l'eau pure encor.
> Pour que la goutte d'eau sorte de la poussière,
> Et redevienne perle en sa splendeur première,
> Il suffit, c'est ainsi que tout remonte au jour,
> D'un rayon de soleil ou d'un rayon d'amour !

La femme qui a chez elle, bon souper, bon gîte et le reste, est préservée par là même le plus souvent des rencontres compromettantes, première étape sur le chemin de l'amour. Vient-elle cependant à perdre son droit à la fleur d'oranger, sa situation n'est pas absolument compromise, car elle a succombé pour sa satisfaction personnelle et non par intérêt. Si même cette première effusion amoureuse doit avoir pour conséquence une grossesse, elle sera par sa fortune en mesure de cacher sa faute ou en tous cas, en état de faire oublier à celui qui la prendra comme épouse, qu'elle a quelque peu dévié du sentier de la vertu.

Vient-elle au contraire à jeter tout à fait son bonnet par dessus les moulins et à entrer à toute voile dans le demi-monde, aucune surveillance médicale ou policière ne viendra s'immiscer dans sa vie galante. De par sa situation qui la met à même de prouver que l'amour n'est pas pour elle un gagne pain, elle devient libre d'offrir au jeune éphébe qui débute dans la carrière, comme au vieux marcheur endurci, tout ce qu'elle a de charme et de séduction, et de les gratifier en plus de la syphilis ou de la blennorrhagie, sans qu'ils aient le moins du monde à se plaindre, ce que du reste ils ne feront jamais, estimant qu'une personne aussi distinguée ne peut cacher quelque subtil microbe sous des dehors si alléchants.

Toute autre est la situation de la femme qui n'a pour tout partage que ses charmes et pas d'argent. La première faute sera souvent l'attrait du fruit défendu. Celles qui suivront auront souvent pour but de joindre l'utile à l'agréable ; et dans ce cas l'utile c'est pour l'amant, le quart d'heure de Rabelais. Tout service ne mérite-t-il pas un salaire ? vivre d'amour et d'eau claire, c'est bon pour les poètes ; et ne lui faut-il pas quelque argent pour améliorer son ordinaire, pour se faire belle, pour s'offrir ces mille quolifichets qui ont pour la femme de si puissants attraits.

C'est ainsi que peu à peu entraînée par la perspective d'une vie qui de prime abord paraît facile, la femme abandonne l'atelier qui ne lui permet pas, par ses maigres salaires, de satisfaire aux exigences de la vie, et qu'elle arrive enfin à se faire immatriculer dans le service des mœurs.

La situation de la femme que la nécessité, plus souvent encore que la paresse et la dépravation, a jetée dans une maison de tolérance ou a réduite à offrir sur le pavé de nos trottoirs ce que vous savez, n'est pourtant guère enviable. A la merci du premier venu, souvent sans argent et sans pain pour le lendemain, repoussée au nom de la morale par ceux-là même qui, dans son intimité, réclament, autant que possible et pour rien, ses faveurs, surveillée par la police, guettée par le dispensaire ou par la prison, il lui faut une certaine dose d'insouciance pour s'accommoder de son état.

Quelle occasion du reste aura-t-elle de sortir de l'ornière dans laquelle elle s'est embourbée ? Trouvera-t-elle quelque part une main secourable qui l'aidera à rentrer dans le giron de la société ? Bien rarement. Victime de ses premières erreurs, elle devra vivre de ses débauches, exploitée par ceux qui vendent ses bonnes grâces, jusqu'au jour où le temps amenant avec lui la décrépitude physique, marquera la fin de la jeunesse disparue.

La destinée de toutes les femmes qui succombent ne sera certes pas toujours aussi sombre. Celles que la nature a gratifiées de ses dons verront s'évanouir devant leur beauté et leur grâce tous les grands principes que nous considérons comme le fondement de notre morale.

Objet d'admiration et d'envie, les hommes de toute situation viendront quémander leurs faveurs : fêtées par la presse, convoitées par les grands comme par les humbles, elles verront les belles années de leur jeunesse s'écouler dans le faste et dans l'opulence, sur les ailes de la renommée qui célébrera partout leur idéale perfection plastique.

Puis viendront celles qui, sans avoir pignon sur rue, chevaux et laquais, habiteront encore un confortable appartement où de nombreux admirateurs viendront leur faire une cour assidue.

Enfin les petites maîtresses, les musettes de Mürger qui dans leur chambre proprette échangeront avec leurs amants des serments d'éternelles amours, et qui se réveilleront quelques jours plus tard dans les bras d'un autre Benjamin.

Je n'ai pas la pensée d'assimiler ces pécheresses que personne ne songe à molester à celles qui louent pour un moment, à tout venant, pour un tarif plus ou moins élevé, leur personne et leur talent, ces dernières seules méritent le nom de prostituées et doivent être soumises à la règlementation.

* *
*

Pour combattre efficacement les affections vénériennes et restreindre leurs ravages, il faut bien se persuader que ce n'est pas en édictant des mesures plus ou moins sévères contre les prostituées que l'on atteindra l'idéal désiré.

La question est plus complexe et comporte ces trois ordres de mesures bien distinctes :

1° Instruire les jeunes gens ou plutôt les jeunes hommes des dangers qui les menacent dans le commerce des femmes;

2° Rendre ces femmes le moins nocives possible par de bonnes mesures sanitaires;

3° Indiquer à celui qui les fréquente les quelques précautions hygiéniques qu'il faut prendre pour prévenir ou atténuer une contamination possible.

Telles sont les trois faces sous lesquelles doit être envisagé le problème

Je ne me dissimule pas que la première proposition qui implique la nécessité d'instruire la jeunesse des dangers qu'elle court en fréquentant des prostituées, des précautions qu'elle doit prendre pour éviter les maladies vénériennes, de l'urgence absolue de les traiter sans négligence ni retard en cas de contamination, peut sembler quelque peu risquée, voire même immorale à quelques esprits timorés. Mais c'est de leur part une erreur absolue.

Ce n'est pas en avertissant les jeunes gens d'un danger qu'ils courent qu'on les incitera à s'y exposer; on leur rendra au contraire un service signalé, si l'on peut leur éviter quelque avarie sérieuse qui pourrait être un accroc irréparable dans leur existence. Dire qu'une telle instruction serait un encouragement à la débauche en entretenant la jeunesse de choses que l'on doit taire est une pure hypocrisie. On ne leur apprendra rien de ce qu'ils savent par avance, mais on leur montrera des dangers qu'ils n'entrevoient pas.

Ce n'est pas seulement du reste dans notre pays que l'on se préoccupe vivement de cette question. En Allemagne une instruction établie par une Commission de professeurs des Facultés a été répandue parmi les étudiants, et le ministre de la guerre du royaume de Bavière n'a pas craint d'en faire distribuer un grand nombre aux soldats, en même temps qu'un ordre du jour appelait l'attention des officiers sur ce sujet.

Il ne s'agit pas du reste d'entretenir de choses assurément scabreuses de petits jeunes gens, mais bien des hommes; et on peut facilement, soit par des conférences dans les universités populaires et les casernes, soit par des brochures et des instructions écrites, mettre les intéressés en garde contre le péril vénérien. D'un autre côté, le père de famille ne doit pas craindre de faire voir à son fils, parvenu à l'âge d'homme, quels sont les dangers qui le menacent dans le cours de son existence et les moyens d'y parer.

*
* *

Étant admis que l'on ne peut laisser les prostituées libres d'exercer leur profession, sans contrôle, quel doit être ce contrôle? Je répondrai : ferme, bienveillant et humain, et que pour concilier ces trois choses, il faut d'abord faire rentrer ces femmes dans le droit commun en supprimant la police des mœurs qui, faite pour protéger la morale, est en réalité une immoralité.

Quoi de plus scabreux en effet que de voir des agents occupés à filer des filles pour savoir si elles exercent leur métier selon certaines règles établies, si le racolage au-

quel elles se livrent, est assez discret pour éviter la contra-
vention, et si les femmes honnêtes ne leur font pas une con-
currence déloyale. Il faut être presque un saint pour exercer
cette profession ; certains sont incorruptibles, c'est possible ;
mais combien comme Joseph peuvent repousser les avances
de la femme de Putiphar et laisser seulement leur manteau.

J'avoue que je trouverais plus logique que ces agents fus-
sent employés à surveiller les malandrins de toutes sortes qui
sont autrement dangereux pour la société que les marchandes
d'amour.

La police ordinaire n'est-elle pas du reste absolument
qualifiée pour veiller à ce que la décence et le bon ordre
ne soient pas troublés. Pourquoi un régime d'exception pour
des femmes qui n'ont commis aucun délit ? Il me paraît bien
difficile d'admettre que les agents qui défendent notre bourse
et notre existence contre les malfaiteurs ne puissent pas nous
protéger contre les entreprises des femmes en carte.

La surveillance spéciale à laquelle les femmes se savent
soumises, loin d'être un rempart contre les affections vénériennes est au contraire une cause de leur dissémination. Une
femme qui, le cas échéant, ne demanderait pas mieux que
d'aller demander conseil à un médecin, s'en abstiendra
souvent pour ne pas éveiller l'attention sur elle.

Il faut croire d'ailleurs que l'on s'est aperçu à Paris que
l'institution avait plus d'inconvénients que d'avantages (arres-
tations arbitraires, etc...) puisque la Préfecture de Police l'a
supprimée et a fait rentrer les agents du service dans la
police ordinaire.

*
* *

Si l'on pouvait convaincre une femme de la nécessité qu'il
y a pour elle à éviter les affections vénériennes et surtout à les
soigner elle-même quand elle les a contractées, on aurait
presque atteint le but que l'on se propose.

Quelle est la pierre d'achoppement contre laquelle viennent se briser tous les règlements établis ? C'est la mauvaise volonté, la résistance opiniâtre que mettent les femmes à se soigner, parce que pour elles, la maladie c'est la privation de la liberté avec tous les petits ennuis que leur causera dans la suite leur incarcération au dispensaire.

Il est de toute évidence que du moment que la prostitution est règlementée, on ne peut laisser une femme, atteinte d'accidents contagieux, libre d'exercer son métier. Mais supposons qu'au lieu de lui offrir un dispensaire aux murs sombres, aux portes verrouillées, avec des géolières plus ou moins sévères, on la conduise dans un pavillon largement éclairé, simple dépendance d'un hôpital, avec des jardins autour pour s'y promener, avec un personnel n'ayant aucune ressemblance avec des gardiennes, mais bienveillant et surtout indulgent, croyez-vous que cette femme aura la même répugnance pour le second que pour le premier? Je ne le pense pas. Si avec cela la femme sait que son séjour sera aussi court que possible, que le but que l'on poursuit est de la guérir et non de la tracasser, et que, sortie de cette maison, elle n'aura aucune surveillance policière à subir, elle ne sera plus aussi rébarbative, elle s'adoucira et je ne désespérerais pas de voir des filles souffrantes demander à y passer quelques jours pour remettre leur santé. Mais pour obtenir ce résultat il faut que rien ne rappelle la contrainte, que la cage soit dorée et agréable à habiter et que les barreaux soient assez larges non pas pour laisser les oiseaux blessés s'envoler, mais pour leur donner l'illusion de la liberté.

C'est là également que devraient se passer les visites hebdomadaires, visites qui seraient obligatoires deux fois par semaine pour les femmes douteuses et pour celles qui seraient atteintes de syphilis depuis moins de cinq ans. Les femmes viendraient à cette visite comme des malades ordinaires vont à une consultation. Un simple registre qui serait remis au Commissaire central, lui ferait connaître les noms de celles qui se seraient soustraites à cette obligation, et contre lesquelles pourraient être prises des mesures coercitives en cas de non observation des règlements.

On devrait également être très prudent dans l'immatriculation des femmes sur la liste des prostituées, ne l'effectuer qu'à bon escient, après plusieurs avis préalables, et lorsque l'on aurait épuisé tous les moyens pour les faire revenir à de meilleurs sentiments. Cette inscription ne devrait être faite qu'après enquête sérieuse sur l'âge, les agissements, les moyens d'existence de la femme qui serait appelée à présenter sa défense et sur l'avis du maire ou du juge de paix.

*
* *

Là ne doivent pas se borner les efforts que nous devons faire pour réaliser le programme de défense que nous nous sommes tracé, car nous savons que la prostitution clandestine tient une place plus grande encore dans la diffusion des maladies vénériennes que celle qui est réglementée, et pour tâcher de la rendre moins dangereuse, nous devons lui procurer les moyens de panser les blessures que souvent Venus réserve à ses adeptes.

Il faut établir des consultations gratuites avec distribution également gratuite de médicaments, consultations auxquelles auraient droit de se rendre tous les hommes et toutes les femmes qui ne possèdent pas les moyens de se bien soigner. C'est une grosse dépense, dira-t-on. — Pas tant qu'on pourrait le croire. Et puis quand même, serait-ce de l'argent mal placé, si l'on pouvait diminuer le nombre des contaminés et guérir rapidement ceux qui sont malades ?

L'assistance publique à Paris, dans les hôpitaux Saint-Louis, Ricord et Broca, et dans d'autres encore, offre aux malades consultations, médicaments et même un bon lit en cas de besoin; et personne n'ignore les services que rendent ces établissements. Le grand nombre des consultations journalières est du reste le critérium infaillible qui démontre leur utilité.

Si l'on veut obtenir dans les villes de province les mêmes services, il faut de toute nécessité, comme je ne cesse de le répéter, sans crainte de redite, que tout soit fait d'une façon discrète et sans aucune surveillance; sinon, l'administration risquera un échec complet. Quand bien même vous payeriez les malades pour venir à vos consultations vous aurez de grandes chances de n'en avoir aucun.

C'est dans le secret de l'alcôve que se donnent et quelquefois s'échangent les affections vénériennes ; c'est également entourée d'une sorte de mystère que la victime vient confesser ses malheurs et demander le remède. N'oublions pas d'ailleurs que nous en sommes encore à qualifier ces maladies de « honteuses » ce qui contribue à rendre les malades plus timorés et plus méfiants.

La consultation doit avoir lieu soit à l'hôpital, soit dans le local ordinaire des consultations de médecine et de chirurgie, sous la rubrique d'affections cutanées et syphilitiques, la première appellation sauvegardant toutes les susceptibilités.

En offrant aux malades les conseils d'une personne compétente ainsi que les médicaments, on leur rend un double service : d'abord celui de les secourir gratis et ensuite on les met à même de se soustraire, s'ils le veulent, à la foule des charlatans et des guérisseurs de tout acabit, qui les exploitent à qui mieux mieux, sous les promesses les plus fallacieuses. Aucune classe de malades n'est en effet exploitée autant que celle-là ; la réclame la plus éhontée et la plus mensongère s'étale dans des brochures, à la 4e page de certains journaux, dans l'intérieur des urinoirs publics..., celui-ci a une injection qui guérit presque en la contemplant, celui-là préconise des pilules magiques devant lesquelles la syphilis se fond ; tel autre, un dépuratif qui remet à neuf en quelques jours l'avarié le plus décati.

En présence de tant de panacées, le malade crédule et avide de guérison rapide essaye l'une, puis l'autre et s'aperçoit au bout de quelques semaines et de quelques mois qu'il a fait fausse route, et c'est alors que trop tard il vient demander avis pour une affection qui d'aiguë est devenue chronique, et par conséquent beaucoup plus difficilement curable.

C'est neuf fois sur dix ce qui se passe dans ces cas ; le traitement des affections vénériennes comme celui des autres maladies doit être rigoureusement scientifique et méthodique, si l'on veut mettre de son côté toutes les chances de guérison ; et l'on peut affirmer que tous ceux qui prennent d'une façon intempestive injections, capsules balsamiques ou autres, non seulement ne se guérissent pas d'ordinaire définitivement, mais se créent, en irritant les organes malades, une affection qui sera quelquefois incurable ! Combien de gens ne doivent-ils pas à tous ces traitements mirifiques la transformation d'une simple avarie en un accroc irréparable !

« La femme ensemence, le charlatan cultive, le malade récolte et paie. »

Après avoir appris aux intéressés que les épines les plus acérées se cachent quelquefois parmi les fleurs les plus variées et les plus suaves ; après avoir fait une minutieuse sélection de façon à en laisser le moins possible, il faut songer encore à les empêcher de se piquer à celles qui restent, et à panser de suite la petite plaie, si infime qu'elle soit, dont un amour mal placé aura été la cause occasionnelle. Lavons cette petite écorchure, nettoyons cette muqueuse qui peut être érodée et souillée par quelque microbe ; après cela, finissons par une bonne lotion antiseptique, et nous aurons quelque chance d'étouffer dans l'œuf la maladie qui ne demandait qu'à éclore et à prospérer.

C'est pour arriver à atteindre ce but que dans la petite brochure que j'ai publiée en 1900, sur la prophylaxie des affections vénériennes, j'avais émis cette idée que l'autorité compétente devrait obliger les tenanciers des maisons de tolérance d'avoir à tenir à la disposition de leurs clients les substances nécessaires pour faire un lavage et une antiseptie réelle après un rapport sexuel avec leurs pensionnaires. (Les femmes en carte seraient tenues également d'observer le même règlement.)

Jusqu'à ce jour cet appel n'a pas été entendu ; le sera-t-il dans l'avenir ? J'en ai l'absolue conviction, car aucune objection sérieuse ne peut être élevée contre cette mesure, mais c'est du neuf ; or il faut un certain temps pour faire accepter ce qui n'est pas dans nos habitudes.

Aussi, je demande à nouveau que l'on impose aux tenanciers et aux femmes en carte l'obligation d'avoir à fournir à leur clientèle :

1º Un corps gras — huile de vaseline de préférence.

2º Une petite tablette de savon.

3º Une solution antiseptique.

L'utilité de ces trois substances est facile à démontrer. C'est d'ordinaire par une écorchure, par une érosion de la muqueuse que s'inoculent les chancres syphilitiques ou autres, et ces écorchures ont naturellement plus de chance de se produire si les muqueuses sont sèches ou encore fraîchement lavées. L'huile de vaseline dans ces cas agit comme lubréfiant et comme isolant, et empêche souvent ainsi une érosion de se produire. Si la muqueuse reste indemne, quand bien même elle serait en contact avec des lésions spécifiques, il y a les plus grandes chances pour qu'il n'y ait pas transmission de la maladie.

Après un rapport sexuel, quoi de plus naturel, même au point de vue exclusif de la propreté, que de procéder à une toilette intime, soignée. C'est là que le savon trouvera son emploi pour un nettoyage sérieux ; et enfin on finira par une lotion antiseptique qui, après un savonnage, agit beaucoup plus énergiquement comme préventif, les substances grasses ayant été dissoutes par l'alcali du savon.

J'avais recommandé que la solution antiseptique fût légèrement acide parce qu'en cas de plaie, la petite cuisson qui résulte de son application est un avertissement d'avoir à redoubler de soins et de précautions.

Le seul argument que l'on peut formuler contre cette méthode est le suivant : en mettant à la disposition de tout le monde des antiseptiques qui sont presque toujours des toxiques dangereux, n'y a-t-il pas à craindre des empoisonnements ? A cela je répondrai que l'Académie de médecine a donné une formule de paquets de sublimé pour l'usage des femmes en couches que les sages-femmes ont le droit de prescrire, et que les cas d'intoxication sont des plus rares.

Les médecins d'ailleurs ne formulent-ils pas tous les jours les antiseptiques les plus dangereux à leurs clients et je ne sache pas que l'on ait à déplorer souvent des empoisonnements. En ayant soin de teinter ces solutions avec une matière colorante, on évite à coup sûr l'erreur de les prendre pour de l'eau pure et par conséquent de les boire ; on pourrait encore y ajouter, par excès de précaution, une trace de quassine par exemple qui leur donnerait une saveur des plus désagréables.

Il est du reste indispensable qu'une petite note soit placée bien en vue, indiquant la nature de ces substances et leur mode d'emploi.

Cette petite réforme qu'un simple arrêté peut faire entrer dans le domaine de l'exécution ne saurait soulever de la part de personne aucune récrimination. Les médicaments seraient fournis gratuitement aux femmes sans ressources, et au prix coûtant, aux tenanciers des maisons de tolérance qui auraient la ressource de se faire indemniser par leurs clients.

J'ai exposé aussi succinctement que possible les quelques idées que je crois, vraies sur les moyens les plus propres pour, enrayer les affections spéciales, diminuer le nombre des malades et contribuer ainsi dans une certaine mesure à lutter contre la dépopulation, en augmentant d'une part les naissances, et en diminuant d'autre part la mortalité infantile.

Les quelques jalons que j'ai ainsi posés pourront peut-être guider dans une voie nouvelle ceux qui ont la charge et le pouvoir de résoudre ces questions sociales, ou au moins d'attirer leur attention sur un sujet qui a droit à leur sollicitude.

Je me suis placé au point de vue médical et au point de vue social et j'ai essayé de montrer que les mesures libérales et humanitaires étaient à mon point de vue en complète harmonie avec les désiderata médicaux.

J'ai pris, dans la mesure qui m'a semblé équitable, la défense de la femme qui s'est enlisée dans l'âpre sentier de l'existence, parce qu'elle n'a été souvent que la victime et non la vraie coupable, et que dans une société libérale comme la nôtre, les régimes d'exception ne doivent plus exister.

Des ligues se fondent de tous les côtés pour venir en aide, à leur sortie de prison, aux criminels de droit commun. Pourquoi ne tâcherions-nous pas de moraliser la femme qui tombe, en lui témoignant un certain intérêt et en adoucissant son sort?

Sont-elles donc moins intéressantes celles qui n'ont failli

qu'à des conventions morales, que ceux qui se sont mis en révolte ouverte contre la société ?

La femme en général, par sa faiblesse, par sa nature délicate, doit nous inspirer plutôt des sentiments de charité et d'indulgence ; car si par certains côtés l'homme l'emporte sur elle, il faut aussi avouer que sous certains rapports elle possède des qualités qui ne sont chez nous qu'à l'état d'ébauche, son rôle s'étend du reste à toutes les périodes de notre existence.

Au début de la vie, petit enfant au berceau, qui est-ce qui sèche nos larmes, nous dorlote sur ses genoux, épie notre premier sourire ? C'est la femme. Arrivés à l'âge d'homme, elle nous inspirera les passions les plus aiguës, et nous fera couler les heures les plus heureuses de notre existence ; et sur le tard de la vie, quand l'âge sera venu, accompagné des maladies les plus diverses, nous la verrons encore auprès de notre lit de malade, nous donnant les soins les plus dévoués et les plus intelligents.

Ne croyez pas d'ailleurs que chez la femme dévoyée, tous ces nobles sentiments soient à jamais éteints ; ils existent souvent encore dans quelque recoin de son être et ils ne demandent quelquefois, pour renaître au jour, qu'un peu de pitié et de compassion pour sa faiblesse, se traduisant par une amélioration de son sort et lui faisant entrevoir avec la réhabilitation possible un avenir meilleur et plus ensoleillé.

Le Mans. — Imprimerie Sarthoise, G. Guénet. — 17448

Le Mans. — Imprimerie Sarthoise, G. Guénet. — 17448

www.ingramcontent.com/pod-product-compliance
Lightning Source LLC
Chambersburg PA
CBHW061741060726
47597CB00007B/2698